바람의 향기

바람의 향기

|최장순 시집|

인간과문학사

시인의 말

시 한 편 읽으면
어느새 마음이 촉촉해지는
내 자신을 돌아볼 때
시는 내 인생의 노래이며
보잘것없는 내 자신을
성장케한 양분이 되었다
시속으로 스며들면
심층적 느낌으로 다가와
메마른 나의 삶을 바꾸었고
시의 마음 품고 살 때
나를 외롭지 않게 하는
삶의 원동력이 되었다
성장을 도와주신 문단의
문사님들과 문우님들께
고개 숙여 감사 인사 드립니다
언제나 시심을 가슴에 품고
시를 쓰는 맑은 영혼이고 싶습니다

2023년 새해 아침
최장순

차례

시인의 말

|1부|
바람의 향기

12 • 바람의 향기
13 • 아까시나무 꽃
14 • 라일락 꽃향기
15 • 이팝나무 꽃
16 • 복사꽃
18 • 산수국
19 • 봄 향기
20 • 해당화
22 • 개나리꽃
23 • 관악산 둘레길에서
24 • 아침 이슬
25 • 달개비꽃
26 • 낙성대 솔숲
27 • 관악산 철쭉꽃
28 • 새들을 보며
30 • 청계산 산책
31 • 석류나무
32 • 사과나무 앞에서
34 • 끝날에 양분이 되는 낙엽

| 2부 |
시사랑

36 · 시사랑
37 · 마음의 풍경
38 · 그리운 고향에 젖다
39 · 박꽃
40 · 꽈리 추억
42 · 아늑했던 그 시절
44 · 수련 찬가
46 · 송광사 연꽃
48 · 송광사 수련
49 · 다리를 건너는 계절
50 · 천변의 억새
52 · 하동의 달밤
54 · 그들의 눈빛
56 · 연어의 귀향
58 · 전봉준
60 · 옥수수 할머니
62 · 길 잃은 새 추모
63 · 너에게
64 · 회상
66 · 눈 내리는 아침
67 · 12월의 감사

| 3부 |
주문진 바닷가에서

70 • 주문진 바닷가에서
71 • 보름 달빛 바다
72 • 바다 노을 바라보며
74 • 치유의 바다
75 • 그 사람
76 • 소래포구에서
78 • 아픔의 이력
79 • 불면의 밤
80 • 삭여 낸 가슴
81 • 바다 바람에 기대어
82 • 이처럼
84 • 우연의 만남
86 • 섬진 강가에서
87 • 가을밤
88 • 산촌에서 문득
90 • 보내는 인연
92 • 다짐
93 • 수묵화 들녘
94 • 눈꽃 피는 길
96 • 외로운 여정의 노래

| 4부 |
무정

98 • 무정
99 • 아픈 날의 일기
100 • 마음 아파도
102 • 고독한 방황
103 • 넋두리
104 • 거울 앞에서
105 • 시린 정
106 • 마음가짐
107 • 어둔 밤 지나
108 • 전하는 소식
109 • 꽃으로 피어나리
110 • 소망
111 • 부부
112 • 사별 일기
113 • 빈 자리
114 • 촛불 하나
115 • 이슬이여
116 • 가을 서정
117 • 첫눈 만난 날
118 • 기도원의 새벽

| 5부 |
요즈음

122 · 요즈음
123 · 노란 신호등
124 · 코로나19
125 · 2020년 봄날
126 · 2021년 가을
128 · 어느 날의 위로
129 · 복지사님
130 · 나은병원 504호
132 · 어느 날의 자장가
134 · 좋은 사람
135 · 마음 부자이고 싶다
136 · 눈 오는 날의 풍경
137 · 하루가 지나가고 있네
138 · 쓸쓸함에 대하여
139 · 그럼에도
140 · 미니멀 라이프
141 · 좋으신 주님
142 · 위로의 손길
144 · 하늘 길
145 · 길 위의 노래

1부
바람의 향기

바람의 향기

아프게 하는 것들 때문에
슬픔이 가져다 준 차가운 마음
적막에 스며드는 저녁
바람의 향기가 노크를 합니다

이제도 잊지 못하는 그리움
깊은 속가슴에 번지고
눈물로 여물은 씨앗 하나
고독한 마음밭에 심어 키웁니다

생의 물음표에 답하는
설렘의 꽃 숨결 피어나는
향기로운 그 기슭에 기대어
비로소 보이는 것 너머
뭉클한 마음의 소리 들립니다

생각에 젖어 살피던
얼룩진 마음일랑 씻어 내리고
생채기 딱지 진 자리에 핀 눈물꽃
바람의 향기로 마르는 날입니다

아까시나무 꽃

온 몸 가시에 찔리면서도
향기로 너의 향연 알리는
걸음걸음 고운 마음

반가움에 눈이 번쩍
가슴 열고 함께하는 너는
동심의 노래 부르고 싶은
나의 뜰에 머무는 수채화

누군가 불러 같이 보았으면
이토록 새하얀 꽃타래 풀어
마음 듬뿍 기쁨 주는 너
눈부신 흐뭇한 선물이다

쏟아지는 가득한 꽃향기
허기진 삶 채워주는
아까시꽃 찬연한 꽃숲에서
환하게 펴지는 이 마음

라일락 꽃향기

겨우내 동여맨 사연들
망울망울 풀어내어
하얗게 웃음 웃는다

뜰 가득히 라일락 꽃
그 향기 잔물결 일때
찾아드는 벌나비들의 곡예

눈부신 만남의 기쁨
더없는 그리움의 연민은
봄 물결 따라 꽃구름 흐르고

근심을 키워낸 아픔의 자리엔
찬연한 빛이 어루만져
내 가슴에 스며드는 가락

마음 자락에 내려앉아
가슴 활짝 열고
향기 나는 시를 노래한다

이팝나무 꽃

햇살 사이 산책 길
솔향 짙은 솔밭 길섶에
햇살 너울 쓰고 하얗게
해맑은 미소 고개 들고
소도록* 흐드러진 이팝나무 꽃

바람 한줄기 접어들어
향기 숨결 밀려와
얼굴 활짝 반김이여
피워내는 꽃들의 향취가
여울여울 수혈해준다

봄바람에 흰머리 흩날리며
청명한 하늘 아래 길손은
즈려밟는 길 위에서
닫혀있던 가슴 열고
나붓나붓* 푸름이 잉태한다

*소도록: 수량이 많이 소복하게
*나붓나붓: 자꾸 나부끼어 흔들리다

복사꽃

눈부신 봄 햇살 아래
스치는 향긋한 복사꽃
내 눈길 끌어
보고 느끼는 오늘

마음에 색동옷 입고
촉촉이 뛰는 가슴에
출렁이는 푸른 음성
"이 꽃 봐라 향기 참 좋다"

장독대 둘레에 쌓인
복사꽃 양손에 담아
내 가까이 흩뿌리며
활짝 웃으시던 어머니

살랑 살랑 봄바람 불던 날
행복한 웃음 건네받던
어머니 그 모습이 떠올라
가슴에 여울지는 그리움
꿈 나래 펼치던
어린 시절 옛 시골집

복사꽃 눈앞에 어른거려
내 앞의 복사꽃 어루만진다

산수국

초록빛 깊은 산숲에서
새하얀 꽃타래
햇살 머금고 넌출댄다

푸른 잎새에 안기어 핀
소담스런 꽃숭어리들
눈길 당기는 산수국이
반가운 미소짓게 한다

마음의 여백에 담기는
꽃향기 챙겨
발길 멈추고 긴 호흡하며
한참을 음미하는 나

하얀 빛깔 초록 빛깔
꿈틀거리는 화음 속에서
또 하나 기쁨의 씨앗들을
팔 벌려 껴안는다

봄 향기

청아한 하늘 아래
들길에서 숲길에서
풋풋한 풀향기 숨소리

초록빛 봄바람 속
고개 드는 꽃봉오리들
싱그러운 날갯짓이다

향기 눈짓의 웃음꽃
굳어진 가슴 구석구석
휘적시는 설레는 마음

어느결 삶의 무게 떨치고
밝아진 마음 안으로 들이어
기쁨으로 넘치는 봄날이다

해당화

지그시 눈감으면
그리움 높이 날아오르는
아름다운 정경 떠 오른다

향기 향연 펼쳐지는
해안가 꽃지 공원으로
웃고 있는 해당화 보러 왔다

눈앞에 분홍빛 다섯 잎 꽃
함초롬 흐드러진 자태
여전히 황홀하여라

유순한 눈빛으로 음미하는 향기
꽃 빛깔 담뿍 한아름 안고
마음 뜰에 향그러움 가득이다

꽃 물결 가슴에 밀려와
애기바람 마음되어
쓰다듬어 보듬으며

가슴 적시는 샘물같은 기쁨이여
노래를 엮는 해당화여
나의 삶도 향기롭고 싶구나

개나리꽃

비탈진 언덕 까치 고갯길
샛노란 개나리꽃 나래짓
활짝 웃으며 나를 부른다

무채색 도시의 풍경 속
햇살이 반짝이는 별꽃들
마음 열고 반기는 가슴이 된다

차디찬 땅 속 고달픔 이겨내고
생기 뿜어 오르는 모습에
밝은 얼굴 경쾌한 웃음 짓는다

하르르 기분 좋은 봄맞이 길
날아갈 듯 가벼운 걸음이다

*까치고개: 서울 사당동과 봉천동을 이어주는 남부순환로 고갯길

관악산 둘레길에서

정신을 펄럭이게 하는 우울증
궁싯대며* 서성이던 걸음
뒤적이던 그리움 남아있어
허영허영* 둘레길을 오른다

올려다 본 하늘은 청명하여
크게 팔 벌려 심호흡하며
햇살 빛줄기 담쏙 껴안아
어두운 마음 걷어낸다

때묻은 마음 벗겨내고
고단한 삶 풀어 헤쳐
다잡는 신선한 새 마음
양지녘에 머무는 영혼이고 싶다

*궁싯대며: 낮은 소리 입속말로 자꾸 옹얼거리다.

*허영허영: 걸음이 기운없이 비슬거리다

아침 이슬

아침을 친구하는
산여울 향취가
떠오르는 햇살 함께
방울방울 초롱한
빛 구슬들에게
손 내밀며 인사하네요

어루만지고
속삭이는 향기에
바람결 드높이
가슴은 벅차올라
영롱한 이슬들
반짝이며 웃고 있네요

달개비꽃

반가운 만남이여
어린 시절 어떤 아이
웃음소리 들리는
이슬에 반짝이는 달개비꽃

잡초 속에서도
무덕무덕 피워 낸
싱그러운 남빛 달개비꽃
송이송이 피어나는 추억

노래 엮는 유년의 첫사랑
들려주는 예쁜 달개비꽃
끝없는 사유 속
그리운 이야기 가슴에 인다

옛 순수가 그리워지는
먼 지난날의 기억들
깊은 생각 여미어
구름 따라 그리움 흐르고 있다

낙성대 솔숲

햇살 쏟아지는 솔숲에는
숲속 아름다운 화음이
속삭임으로 귀에 들려와
미소 짓는 얼굴이 되네

솟구친 잎 가지 끝
푸른 하늘 강이 되어
새털구름 조각배로 흐르고
푸른 생기 내 맘에 넘치네

노래하는 새들 사이로
솔향기 나부끼고
나뭇가지 사이 쪼르르
유희를 하는 청설모 반갑네

솔숲의 맑은 공기는
위로하는 손길이요
움츠려드는 마음 다독이는
고마운 쉼터가 되네

관악산 철쭉꽃

꽃바람 속
옹아리 하더니
곱게 물들인 진분홍 빛
드디어 활짝 피었다

고맙게도 내 친구 되어주니
눈 안에 담은 예쁜 모습
마음 풀어주는
기쁨의 묘약이 된다

촉촉이 낭만에 젖어
꽃그늘 아래서 기분 좋은 가슴은
꽃향기 심호흡하며
향기로운 여정이고 싶다

새들을 보며

숲속 벤치에 앉아 있을 때
작은 새들의 발소리가 들린다

새들의 발자국을 따라갈 때
눈앞의 새들 내 앞에서
푸드덕 나뭇가지 위로 날아오른다

나홀로 숨 쉬고 싶을 때
누구도 모르게 눈감고
하늘로 날아오르고 싶다

아픔 치유하고 싶을 때
마음속 근심 털어버리고
날개를 펴 날아보고 싶다

상처 덧나서 시리울 때
수평선으로 끝없이
새들처럼 자유롭게 날아가고 싶다

생각에 젖어있다 깨어보니
새들은 어데론가 날아가고
외로운 눈물이 산길을 적신다

청계산 산책

우람한 나무들 채워진
산속 숲길 걷노라니
신선한 바람이 안아준다

솔향기 아카시아향
코끝에 매달려오는
풀잎들의 향그러움

귀에 들리는 새들의 노래
하늘 위 구름 목화밭 보며
어느 결 부르는 콧노래

눅진 마음 걷어지고
새로운 정화의 마음
삶의 의미 일깨워준다

석류나무

예쁜 별꽃 진 자리
가지마다 돋은 콩알 열매
저물지 않는 의지로
마음 눈 밝히고 서 있더니

햇살 품어 기다리며
쉼을 모르던 열정
비바람에도 견디어
붉게 물들어가는 얼굴

살며시 다가서는
반가움의 눈빛에게
선홍빛 가지런한 이 드러내고
영롱한 함박웃음

지긋이 한입 베어 물면
절로 놀라 깨어나는 미각
입안 가득 흥건히 고이는 침
새콤달콤한 맛에 기쁨 즐기고 있다

사과나무 앞에서

살얼음 이겨내는 나무는
고단한 숨쉬기의 열정이
생존의 여정이었다

햇살 가득 소망하며
허기진 삶 꾸준한 담금질로
시간을 잇대어 붙들고

순환되는 세월 속
새로운 설렘에 기대어
발돋움 물 올려 키워냈다

비바람 태풍 이겨내며
여물어 가는 빨간 열매들
짙은 사과향 날아들어 간질이고

순조롭게 자란 것처럼
의젓한 얼굴로 주렁 주렁
비로소 존재의 모습 확연하다

누구도 싫어할 수 없는
입맛 다시게 하는 영근 사과
가치가 반짝이는 시간이다

끝날에 양분이 되는 낙엽

앙상한 나무에 매달려 떨던 몸
땅이 제자리인양 떨어져
흙속에 가슴 묻더니

숨죽이고 기척 없이 오래 참아
숨고르던 낙엽의 기다림은
드디어 발효된 옥토를 만든다

비와 바람 햇살로 몸 비비더니
이제 시린 노정에서 깨어나
수줍게 기지개 켜고 노래한다

봄이 오는 길 이랑이랑마다
비로소 세상 맑은 옹아리로
생명의 소리 흩뿌려 펼친다

2부
시사랑

시사랑

어느 날 시선이 꽂힌
시집 하나 꺼내어 읽다가
눈길 가는 문장 속
맑은 영혼이 스며들어
시의 꽃밭에서 위로를 받는다

자연 속 사물과 풍경
관찰하고 성찰하여
심층적 느낌을 은유로 표현하는
시인의 깊은 탐구의 눈빛
향기 있는 시에 감동한다

나 시사랑 마음에 품고
양분이 되는 시 잉태하여
생의 이랑 속 가득 키워
잘 여문 시 추수하여
성숙한 시의 날갯짓 하고 싶다

마음의 풍경

보일 듯 자오록한 안개 속
고향의 풍경 오롯이
그러안고 눈 감으면

바람이 깃드는 가을빛 속
햇살 아롱이는 가로수 잎들에는
고운 빛 노을이 펄럭이고

푸른 물감 헤쳐 논 듯 한
하늘에는 새털구름 놀러와
비질을 하고 있다

색깔 고운 옷자락 펼치는
노을은 일렁이는 얼굴로
지평선에 붉은 그림을 그리고

헤아려 더듬는 고향의 풍경
애잔하게 다가와 출렁이는
눈 안에 모아지는 그리움의 강

그리운 고향에 젖다

외로운 생 속 빈터
소낙비 내리던 나뭇가지 위
거미줄에 매달려 있던
회색빛 풍경 떠나보내고
나 돌아가고 싶어라
고향의 따뜻한 품속으로

하늘 땅 그속의
향기를 심호흡하며
감싸주는 햇빛
온 마음으로 붙잡아
나 날아가고 싶어라
온 몸으로 춤추는 새가 되어

뒷산 아까시꽃
앞마당의 라일락꽃
초대받은 향기로운 마음
방황 끝낸 길 위에서
그리움의 잔심이 녹아지니
비로소 환한 미소 짓는다

박꽃

추억 한자락 들춰보는
그리움 속 저 깊이
고향의 서정이 머무는 그곳에는

토담 위 초록잎 박 줄기
초가지붕으로 올라가
웃고 있던 하이얀 박꽃

어둔 밤의 그 꽃은
눈 반짝이게 하는
투명함으로 빛나고 있었다

다시 꿈꾸는 속내
어둔 밤 환하게 밝히던
박꽃 같은 모습이고 싶다

꽈리 추억

내 어린 시절 그때
꽃밭 귀퉁이에는
주렁주렁 붉은 꽈리들
너울너울 살고 있었다

갈래 터진 주머니 사이로
고운 빛깔로 익은
둥그런 모습 보고
부푼 가슴 동무들을 불렀다

꽈리 속 씨앗 조심히 쏟아내고
입안에서 둥글게 둥글게
누가 누가 잘 부나
가득 힘주어 불 때

피~식 바람 빠지는 소리에도
마주보고 까르르 까르르
즐거운 마음으로
웃으며 놀고 있었다

그때처럼 둥글게 둥글게
힘주어 꽈리를 불고 싶다
동그라미 마음이던
옛 동무들 웃음소리 그립다

아늑했던 그 시절

추억의 징검다리 건너면
거기엔 하얀 눈 쌓인
고향의 언덕길을 만난다

늙어가는 황혼의 세월인데
지금도 손짓하는 어린 시절
먼 옛날 고향의 하늘에서
펄펄 눈 내리던 날이 부른다

오늘도 자박자박 걸어오는 추억
흰 눈 쌓인 고갯길에서
신나게 달리던 썰매놀이
아이들 웃음소리 폭포수 같았다

미끄러지며 부딪치면서
옷 젖는 줄 모르고 상쾌했던
아무리 춥고 매운 날도
그곳은 아늑했다는 생각이 든다

멀어져 간 그 시절의 그날들

잊을 수 없는 그리운 얼굴들이
세월 속에 가고 없어도
오늘도 나의 가슴을 적신다

수련 찬가

오늘을 위해 두 손 모아
밤낮으로 가슴 묻고
어두운 연못 속에서
고단한 세월 견디어
비로소 물위에
한 송이 수련으로 핀
잔잔한 평화여

심연에 깊은 그리움
오롯이 간직하고
꽃잎마다 가슴 가득
푸른 하늘 품고
흰 구름이 흐르는 연못에서
담담히 다스리는
겸허한 모습이여

햇살 웃음 명치끝에 와닿아
설레임 못 견뎌
휘파람 부는 바람 되어
영혼에 기쁨 엮어

맑은 눈빛 마주하고
나의 노래 들려주고픈
찬연한 새하얀 꽃 수련이여

송광사 연꽃

시간의 빛들이 키워 온
연못 위에 연꽃은
목청 맑은 독경 소리 듣고

날마다 침묵하며 수행하여
별을 안고 합장하던
간절한 염원의 기도로

고독의 어둠 헹구고
조용히 순결의 빛 밝히어
다소곳 분홍등 켜고 있다

맑은 눈빛 연꽃은
자비의 수행자 되어
햇살 속 향기 웃음으로

살포시 어루만져 주니
밝음 그지없이 깃들어
속에 담는 몇 길의 순수
내 영혼에 스며들어

속살에 얼룩진 사연
마음 풀어져 미소 짓는다

송광사 수련

오랜 시간 염원이었으리
고요 속 연못의 자태
고고한 수련

마주침 하나로 화들짝
무딘 일상을 깨워주는
눈길 닿는 이 정경

시작은 시린 날이었으리
얼마나 간절하였으면
이토록 피워 올렸을까

깜깜한 진흙의 터에서
고귀한 하이얀 꽃
순백의 모습 경이로워라

다리를 건너는 계절

빛이 저무는 시간
이별의 계절은 정녕 아프다
하지만 순리의 다리를 건너는 중이다
머잖아 햇살이 어루만지고 다독여
조심스런 몸짓으로 얼굴 내미는
새싹들의 수줍음을 볼 것이다
계절은 길 떠나도
앞으로의 날 펄럭일 초록잎들
색색 꽃들의 향연 그리고 열매들
생의 춤사위를 반길 것이다
하여 우리의 계절은
기쁨 그리고 밝음으로 채워지리니
이별의 시간은 덜 아파도 될 것이다
보았잖는가 겨울 지나
잎진 자리에 꽃진 자리에
환해지는 계절이 옴을 알지 않는가
기다려야 하리
이 계절 지나가고 나면
숨어 살던 생명들의 노래 소리
또 다시 꽃피는 계절이 오리니

천변의 억새

목마른 손짓으로
눈가에 매달리는
하얀 깃발들 포개져 온다

가을 하늘이고
억새 늘어선 천변에
하늑이는 가냘픈 모습들

한마디 말 못하고
실핏줄 마를 때까지
떠나는 마당의 모습인가

속절없이 가는 생이어서
시들어가는 억새는
슬프게 울고 있다

오는 삭풍 속에서도
아슴한 숨결로
얼마나 노래하고 있을까
고독한 억새 신음 소리

스쳐 버릴 수 없는
조락으로 가는 이별이여

하동의 달밤

산천이 아름다운 곳
노을 짙게 타던
하늘 아래 지리산 자락
하동의 밤은 깊어가고

별이 뜨는 밤
이 시간 하늘에는
보름 달빛 환하다
별들은 빛을 뿌리고
가슴에 이는 휘파람 소리

기억 속 빛나고 있는
내게로 오는 인연
달속에서 정겹게 웃으며
환한 달빛 인사로
나를 보고 손짓한다

떠오르는 아련한 얼굴
찰싹이는 그리움에
수많은 사념 속

나는 날아다니며
그리움의 불 지피고 있다

매화 꽃잎 그림자 까지
환희 밝히는 달빛 속
조요로운* 등불 밝히고
위로해 주는
매화 향기가 짙다

*조요로운: 밝게 비쳐서 빛남

그들의 눈빛

나이 들수록 순수의 내가 무너져 간다
오늘 밤 나는 생각의 숲에서
눈빛 하나 붙잡고 순례자가 된다
오래전에 본 텔레비전 다큐 속
차마고도 그 길에 사는
순박한 그들을 잊을 수가 없다

힘든 노동의 삶속에서도
위태로운 굽잇길을 잠잠히
무거운 짐 등에 지고 넘나들며
주어진 삶 묵묵히 사람살이 하는
순수의 그 눈빛들이 보고 싶다

우리들은 종종 탐내는 과한 욕심
몹쓸 마음이 고개를 드는데
하여 허방 딛는 삶이 괴로워
좌절할 때가 얼마나 많았던가
그들은 마음 가난한 사람들이었다

삶이 힘들어서 모두 놓아 버리고 싶은 날

이시간 그들을 붙잡고 물레 돌 듯 하는
기억의 눈빛 헤아리면서 어느덧
험산 준령 순수의 눈빛들이 깨우친다
어려움 이겨내며 마음 다해 살 일이다

연어의 귀향

바다는 무구한 삶의 터전이었다
너울성 파도의 해일에도
가파른 생의 경주 다함없는 가슴은
짙푸른 빛으로 물들며 후회 없이 살았다

멀리 이국의 바다는 타향이기에
기억의 편린들 붙잡고
잊은 적 없는 본향으로의 결연한 눈빛
힘겨울지라도 올곧은 꿈 안고
물살 헤치고 가는 삶의 지느러미

풍랑과 싸운 바다는 고달팠으나
수만 리 유랑의 끝길에서
파도 속에서도 견뎌온
눈물의 시간이 녹아지고
어미의 경이로운 광경

더는 바랄 것 없는 소망
물위에 풀어놓은 수많은 생명
더 없는 기쁨으로 심장을 울리고

표류를 모르던 연어는 눈을 감아도
탄생의 위대함이 전설로 살아난다

전봉준

그대 동학 혁명의
키 작은 녹두 장군이시여
백성이 하늘임을 알리던
배들벌에 높이 들었던 깃발
내 눈에 펄럭입니다

피 땀 흘려 지은 곡식 뺏어가니
배들벌 농사꾼들 울부짖음
고부군수 곳간은
쌀이 산처럼 쌓여가고

백성들 허기진 뱃속
뼛속까지 스며드는 설움
배고픈 목숨들의 눈물을 보고
그대 속가슴 울음 견디기엔
어림없는 일이었지요

고부땅 배들벌에
성난 민심의 아우성
백성을 사랑하는 마음

그대 앞장서서
낫과 괭이를 무기로 들고
하늘 높이 솟구치던 불길
빗장 걸린 고부 곳간 열었지요

정의를 위해 싸웠던 그대는
아스라이 시대는 지나가도
그대 정신 우리 민족 후손들 가슴에
민중의 영웅으로 살아계십니다

새야 새야 파랑새야
녹두 장군 응원가 읊조리며
그때 민중의 애환 속
선혈의 피가 흐르는
그날의 깃발 아래 함성 소리 듣습니다

옥수수 할머니

밤새도록 앓는 소리하다 추스른 몸
골목시장 약국 앞 노점에서
할머니 아침의 손은 바빠진다

봄내 채전을 펼쳤던 좌판을 치우고
태양의 열기가 뜨거운 여름날
몇 자루의 강원도 찰옥수수 받아
허리 굽은 앉음새로 손 빠르게 껍질을 벗겨낸다

물 잡은 큰 찜통에 땀 뻘뻘 흘리며 쪄내는
구수한 찰옥수수 냄새가
온 동네 골목으로 퍼져갈 때
줄서서 사가는 사람들 모여든다

마실 나온 할머니들 고향의 정자나무 밑에서
정 나누고 살던 시절처럼
신문지방석 깔고 좌판 옆 모여 앉아
조곤조곤 추억의 이야기꽃 피운다

하늘 올려보는 할머니 한숨소리 짙다

할머니 지난날 부잣집 맏며느리였다고
초록빛 벼가 물결치던 만경평야
누렇게 익어가던 황금들녘 고향땅이
지금도 눈에 아른거린다고 배시시 웃으신다

파킨슨병과 동거하는 할머니는
고단해도 움직여야 아픈 곳도 잊는다며
남은 옥수수 이웃 할머니들에게 나눠주고
주머닛돈 세어 보며 주름 얼굴 환하게 웃고있다

길 잃은 새 추모

가엾은 목숨 하나 부음을 듣고
다가가 만져주지 못한 양심이
돌아보지 못한 스스로를 질책한다

원치 않는 생의 시달림에
긴 시간 그녀의 실어증은
진즉이 위태로웠다

암막 커튼으로 가리고
마음앓이 하던 영과 육은
자살 증후군을 배양했을까

아파트 십층에서 길 잃은 새되어
멈춰버린 발걸음
얼마나 괴로워 이승을 놓아버렸나

아픈 마음 언제나 잊어질까
멈추지 않는 먹먹한 내 가슴
하늘에 계신이여 그녀를 품어주소서

너에게

심연 속 그리움
별로 반짝이는 너

긴~ 기다림
귀 기울이면
바람소리 뒤켠

밀려오는 아픔
아픔은 눈물이야
눈물은 슬픔이지

속가슴 풀어 헤치고
늦게 찾은 답
더는 슬퍼하지 않을래

회상

우정의 발자국 남기고 떠난 벗
잊은 적 없는 추억 서린 시간 생각난다
정 깊었던 벗 생각 되새김질하며
그리움 북받쳐 아련한 추억에 젖는다

젊은 날 우리는 음악다방에서
에디트피아프의 샹송을 들으며
극장에서 로버트 테일러와 비비안 리
영화 속 애수를 보며
주인공들의 슬픈 사랑을
아파하던 순수의 마음 있었지

물망초 꽃을 좋아했던 나의 벗
요양병원 잔디마당에서
유난히 맑은 눈빛으로
슬퍼하지 말라고 손잡아 주던 너
슬픔 내 맘에 각인 시켜놓고
허망이 곁을 떠나 별이 되었지

주말이면 후암동에서 해방촌을 딛고

남산에 올라가 노을빛 서울의 정경 보며
뜨거운 희망의 꿈 이야기 나누었는데
가난이 잇대어 살던 동네는 사라지고
생각보다 깊은 그리움의 길에는
예쁜 북카페와 커피샵이 줄지어 있다

눈 내리는 아침

지난밤 나도 모르게 내려와
수북이 쌓인 눈 마주하니
깨끗하게 하는 샘물 솟는다

창문 밖 부시도록 하얀 눈송이
함박눈 여전히 내리고
가슴 밀치고 올라오는 그리움

자애롭던 아버지 목소리
눈썰매 만들어 주시던
그 손길 옛 생각 떠오른다

다시 볼 수 없는 그리운 그 모습
떠나버린 시간들이 아쉬워
내 안에서 자꾸 부른다

고단한 삶 잠시 잊고
한참을 서서
함박눈 정경에 스며든다

12월의 감사

옷 벗고 있는 쓸쓸한 나무
잎진 자리에는 하얀 눈꽃 선물로
하늘이 품어 주고 있음을 보게 되어요

돌아보는 그리움 위에
위로의 창조주가 있었음을
비바람 길 위에서도
혼자 두지 않았음을 알게 되어요

흐르던 눈물 씻겨 주심에
감사의 노래를 할 수 있음은
외로운 영혼에게
베푸시는 손길 깨달아서지요

감사를 허락하신 주님
보듬어 주는 그 손 붙잡고
더 깊어진 마음 다해
향기로운 삶을 살렵니다

3부
주문진 바닷가에서

주문진 바닷가에서

상념의 뜰에서
외로움 푸념하다
눈가에 매달리는
추억의 바다를 마주한다

푸른빛 바닷물 타고서
밀려오는 하얀 파도 속
포개어 오는 그리움
아린 정이 손짓한다

가슴 여는 그날의
노을빛 곱던 모래밭
웃으며 걷던 그 시절이
다가와 한없이 그립다

감추던 시린 눈물
더없는 그리움의 연민도
지그시 눈 감으며
노을빛 바다에 풀어낸다

보름 달빛 바다

저무는 시간 타박이며
밤이 병풍을 친
비릿한 포구에 와 있다

시끌벅적 흥정의 소리
활력 넘치던 포구에는
감감한 적요의 시간이다

하늘 위 보름 달빛
어둠을 몰아내며
환하게 비추고 있다

순박한 바다는 조용히
손 내밀어 친구가 되어
내 삶의 무게도 얹어 가고자 한다

잔잔히 어둠을 견디어 흐르는
바다는 찾아와도 좋을 일이다
사는 게 버거울 때마다

바다 노을 바라보며

바다 위 노을은
발그레한 미소로 손짓하며
포개어 오는 찬연한 빛
순간 찰랑임을 보게 된다

시시때때 발목을 잡던
생의 어지러움 단번에 쓸어가
자분자분* 마음 비우는 지금
속앓이 한숨도 넌지시 실어간다

소멸하지 않을 것 같은
부시도록 여울여울* 쏟는 빛
어제의 허수한* 맘 부수어
노을 빛 방아 찧어 넣고 용해하고 있다

내 뜰 안에 서글픈
허허로운* 심장이던 것
알알이 꿈꾸는 뜨거운 혼이 되어
해질녘 새로이 세워 날갯짓한다

*자분자분: 온순하고 침착하게

*어울여울: 조용하게 타는 모양

*허수한: 마음 한 구석이 허전하다

*허허로운: 옹골차지 못하고 슬픔으로 탄식하는

치유의 바다

바다에 찾아와
바다 속에 스며드는 것은
눈물을 감추려 숨어드는 것이다

유유히 흐르는 푸름의 물결
찬찬히 출렁이는 바다는
내 몸에 신열 식혀주고

마음에 방황 멈추게 하는
넉넉한 바다의 품은
내 안에 슬픔 보듬어주니

파도 이기는 푸른 힘이
새롭게 채워주는 치유되어
이겨 낼 수 있는 걸음을 배운다

그 사람

지난날 한 점 풍경 속에
잊지 못한 얼굴 있음에
정직해지고 싶은 마음이다

출렁이던 깊은 아픔
흐르는 강물 속에
진작이 감추었는데

가슴 속 숨어 우는 사람
때때로 부딪치는 소식에
마음 흔들며 지나간다

잃어버린 날의 빈자리에
그리움 몇 잎 매달려
아직도 불러 세우는 그 사람

소래포구에서

힘든 삶의 경주에서
한 숨 쉬어 가는
포구의 길 위

반추하는
추억의 그림자
물거품 된 사랑은

파도 소리 함께
목메던 사유를 싣고
찰랑이며 잦아들고

눈앞에 바다는
자박자박 걸어와
그윽히 채워주고 있다

생명 다할 때까지
푸르른 저 하늘 안고
윤슬같이 반짝이며

남은 생 더없이
맑은 마음으로 살고 싶은
날갯짓 속마음 너울댄다

아픔의 이력

따뜻한 정 배우게 한 그대는
밤하늘 북극성 같은 존재였는데
동행하던 빛의 시간 놓아버리고

눈 감기고 돌아선 인연은
비 오는 날의 파지처럼 젖어
사랑의 수위 낮아진 쓰린 삶이 되어

이제도 삭이지 못하는 통증
골 깊은 가슴에 끌어안고 사는
눈물의 굽이진 길

지피지 못한 불씨 안타까워
서럽도록 지새우던 사연은
아픔의 이력이 되었지요

공간이 다른 시간에서
저며 오는 그날을 보듬고
고독한 연가 박음질 합니다

불면의 밤

보지 못해도 보이는
그대 그리움 안고
혼자 살아온 세상
무시로 포개지는
사랑의 기억 번져
그리움에 뒤척이는 밤

삶의 걸음 무디어 가는
애잔한 하루의 숲에서
세월의 덧없음에
바람이 파고들어
아프고 애틋하여
쓸쓸함 깊어 생각에 잠긴다

오늘 밤 아득한 꿈속에서
오로지 나를 위로해 줄
아련한 그리움 만나고 싶어
새들이 노래하는 숲속에서
영혼이 따뜻한
그대를 만나 노닐고 싶다

삭여 낸 가슴

젖은 사연 안고
돌아선 인연은
비 오는 날의 꽃잎처럼
쓸쓸히 추락하고 있었다

서럽도록 아픈 이별
모든 기억 지우며
살며 살며 잊어버리고
묵묵히 살고 싶다

미완의 생 돌아보면
눈 시린 이승
독버섯 같은 고통
괴로움도 비워내야 하리

아무도 모르는 비애
슬픔의 늪 벗어나
삭여내는 가슴
기우는 세월 다독이자

바다 바람에 기대어

바다에 밀려오는 저 파도 소리
고독의 흐느낌 같아
이별의 긴 여운 생각나
걸음 멈추고 바닷가에 서 있다

가슴에 남은 미련은
서럽도록 시린 세월
낮달이 내려다보는 시간
나는 밀물 따라 잠기고 있다

부딪쳐 흩어지는 포말 속에
그렁그렁한 눈물 감추며
내 삶이 얼마나 누추했는지
지나간 시간 돌아보게 한다

삭막한 삶의 수많은 날을
건너뛸 수 있는 징검다리 놓고
오늘 바다 바람에 기대어
노을을 싣고 물새 따라 날고 있다

이처럼

고개 드는 그리움이
고독한 영혼에게
반짝이며 손짓한다

별들의 빛 부신 모습
소리 없이 사라지고
가을비 오는 밤

내 사념의 날개 밑
기억의 지층 깊이에
압화되어 피어 있는
아픈 편린들의 조각 사이로

다행히 숨쉴 수 있는
공기가 도드락거림은
쓸쓸한 늪으로 찾아오는
바람 울음소리 들려서일까

손을 얹는 간절한 이 마음
시리도록 아파도

심연의 어두운 방에서 걸어 나와
하늘 안고 해맑은 생이고 싶다

우연의 만남

저물어 가는 도시의 거리에서
뜻밖에 만난 옛 사람
연민에 찬 눈빛으로 바라볼 때
안절부절 예사로울 수 없었다

무연의 세월 속절없이 흘렀는데
어제 헤어진 사람처럼
차근한 목소리로 안부를 물을 때
마음을 휘감는 미안함이 왈칵 북받쳤다

무심했던 그동안의 시간
헤아리는 눈길에는
다시 출렁일 수 없는 삶의 연륜
번져나는 그리움 침묵 속에 감추었다

그때 오래 아프시던 어머니 외면하고
환경을 뛰어 넘지 못한 연유가
그와 손잡고 함께 할 수 없었던
슬프고도 아픈 긴 이별이었다

미완의 꿈 화인되어 걸어 온
가슴 속 생각 차마 건네지 못한 말
겨워하다 뒤돌아 어두워진 길 걸으며
온갖 까닭을 덮어 잠 재웠다

섬진 강가에서

노을빛 물드는 강에는
붉은 물이 열정의 춤 추고
햇살 머금고 부서지는
은빛 파도 밀려와 철썩이고
일몰의 시간 눈치채고
강물도 파도 소리 낮춘다

어린 시절 평상에서 누워 보던
밤하늘 초롱초롱 정겨운
하늘 가득 빛나던 별들
꿈을 키우던 사유의 영혼은
청청한 별밤에 안겨
속 깊은 강물에 적시고 있다

밤 깊어가는 강에는
강물은 출렁이며 자꾸만 가고
물레 잦는 강물결 따라
해조 내음 맡으며
내 마음 기슭에 별을 심어
굽이굽이 꽃으로 피고 있다

가을밤

달빛 아래 가을밤
산속 지붕 낮은 집에는
30촉 불빛이 고즈넉하다

옛 발자국 짚어보는
사유의 호젓한 밤
창문 두드리는 바람 소리

낙엽 구르는 창가에선
마음에 젖어 드는
풀벌레 울음소리

옛사랑 그리움은
시리도록 아파와
그의 숨결 가슴에 안기어

목메이는 보고픈 마음
그리움으로 허허로운 밤
얼룩진 눈물이 외로이 눕는다

산촌에서 문득

여름 밤 하늘의 별 보다가
멀어져 간 인연들
아스라이 하나 둘 떠올라
그리움 짚어가며 서성인다

웃으며 포개져 오는 동무들
다시 만나 보고싶어
찾아드는 추억 속에
시나브로 잠기고 있다

널따란 초록치마에
새빨간 저고리 입은
키가 큰 홍초 꽃밭에서
들락이며 숨바꼭질 놀이했다

나이테 굵어지는
삶의 포구에서 여울여울
가슴 적시는 동심의 그때가
자박자박 들어와 앉는다

자지러지게 웃던 모습들
잃어버린 그리움 사뭇 아파와
야위어가는 세월 속에서
하늘의 별들 보며 풀어낸다

보내는 인연

콧노래 부르던
노을빛 해변에서의
우리들의 이야기
바닷바람이 들려준다

나풀대며 날갯짓하던 꿈
그날의 여운 붙잡는 것은
내 허허로움 그의 체온으로
빈 마음 채우는 것이다

미완으로 날개 접은
가슴 깊은 아픔의 영역에
심장 안 그리움 빼어내
이제 바람결에 보내려 한다

오롯한 좋은 추억으로
긴 시간 옹이 박힌 인연
그리움 덩이들 잘게 부수어
바다 물길에 실려 보내리

생의 뒤안길로 흘러가라
살며 살며 견디리라
그림자 잔영까지
남기지 않으려 증발시킨다

다짐

이제는 잊어야겠기에
울음 보자기 풀어
슬픔 일렁이던 것
멀리 흘러 갈 것이라고

묻어 있는 비애 쪼개면서
견뎌내는 힘
내일을 살기 위한 것이다

걸음 내딛어야겠기에
순한 마음 담아
어둠 속 아픔이던 것
빛으로 환해질 것이라고

빛의 불 지피면서
밝음을 품는 것
새마음으로 살기 위한 것이다

수묵화 들녘

청청했던 시절의 기억
꿈의 미학 사라져 가고
고요에 젖어 몸 사리며
비켜가는 시간이 안타깝다

부스스 가을 깊어지니
들녘 무성하던 잡풀들
서로 기대어 눕고
메말라가는 들녘을 보는
하늘의 낮달이 눈물짓는다

덤불의 마당이 된 들녘엔
갈바람이 계절을 말리고
애틋함 서려있는
쓸쓸한 적막이 깃든다

바람 소리 들리는 들녘에는
참고 기다리는 삶을 배우라 한다
봄날이 오면 또다시 온 들녘에
파릇파릇 연둣빛 새순이 돋으리라

눈꽃 피는 길

옷 벗은 겨울 산길
나목 위에 눈송이
소복이 꽃으로 피어
하얀 깃발 흔드는 정경에
고독의 너울을 벗는다

눈꽃 피는 겨울 산에서
가난한 영혼
위로의 품에 안기는 가슴
채워지지 않던 자리에
마음 이어 주는 길

창연한 이 계절
눈송이 하늘이는 산에서
은빛 바람의 선율에
겨울의 여심 오롯이
피어나는 정다운 연가여

찬연한 설경 속에
끝없이 맑아지는 시야
하루를 싣고 가는 걸음마다

사부작 사부작
하얀빛 서정을 채운다

외로운 여정의 노래

저물어가는 황혼의 길에서
어느 순간 더운 바람이
삶을 담금질 할 때
용수철처럼 솟구치는
빨간 불씨 하나 가슴에 담아
불꽃으로 타오르고 싶어라

안타까운 전율 잦아질 때
어지럼증 사라지고 나면
오랜 세월 잃어버린 영혼 찾아
천천히 되새김질 하며
상처를 안고 걸어온 발걸음은
새 삶의 노래 부르고 싶어라

일깨워라 비 젖은 날들이여
머무를 수 없는 세월 속에
저 긴긴 시간 인내의 디딤돌로
움트는 생명의 자리 거기에
소망의 새싹 모퉁이 길에서도
청초히 푸름으로 돋아나리라

4부
무정

무정

속살까지 파고드는
칼날을 세운
무익한 말 예리하다

가슴 속 깊이
찔러대는 깔그런 바람
빈틈없이 저며 들어

시름 줄에 미움 매달고
안개 숲 방황하는
정작 차가워진 마음

결린 육신에서
붉은 선인장 꽃이 피는
모래바람 벌판의 울음

아픈 날의 일기

멀어지는 관계 서글퍼
허허로움에 잠 못 이룹니다

한뜻 모아 더불어 살아가면
얼마나 좋을까요

목소리 없는 건조한 사이
침묵의 시간으로 힘겹네요

굳어진 아픔 허물고
낮게 고개 숙이는 겸손

질 살아 내고자
다소곳 마음에 새깁니다

마음 아파도

되는 일 없다고
토악질 하는 소리
당치도 않는 말은
여직 보지 못하던 모습이다

혈압 올려 싸우던
일그러진 표정
꺾인 방향으로
자꾸만 달리게 한다

까무러치게 하는
절망의 무늬
깡그리 지우고
마음에 둘 일 없다

놀란 가슴
토닥이며 다잡으며
어두운 밤 도리질하고
불덩이 내 눈을 감는다

침묵으로 삭이며
깊은 생각 속 기다림
이 또한 숨 쉬는 동안
내 삶의 부분인 것이다

고독한 방황

허물 한두 가지
없는 사람 없다지만
말의 상처는 너무 아프다

비틀어 꼬집듯
헤집는 소리에
귀가 없는 사람이고 싶다

사랑의 궁핍에
숨 죽여 울어야 하는
흐느낌의 눈물
씻어낼 겨를 없이

갈등으로 어두워진 마음
뛰어넘지 못하는 망설임
지금의 작은 그릇이 괴롭다

멀어지고 싶은 쓸쓸함
좀 더 이겨내고 싶은 몸부림
여전히 잘 견뎌야 하는
나의 방황 끝나지 않았다

넋두리

독버섯처럼 번지는
공황장애 증후군
어둠의 그늘에는
숨기고 싶은 상처가 자리했어

처음 언약 못다 부른 노래
이별 뒤 가슴속 여심은
찬바람 속 휘달리는
동백꽃 같은 목숨이었지

사위어가는 황혼의 시간
익숙해진 고독을 돌아보니
나 걸어온 발자국은
휘발되지 않는 통증이었어

거울 앞에서

손 내밀어도
베풀 것 없는 빈손에
비애가 차갑게
또아리 틀고 있다

실타래 엉키듯
헝클어진 생
매듭 풀던 손 놓고
재만 남은 상념의 밭

아픔의 속앓이
버리지 못한 버거움
얼마나 컸으면
실어증 환자가 되었을까

스스로 안스러워
묵언으로 보내는 위로
눈 앞에 거울 응시하며
빗질하듯 털어본다

시린 정

서로의 감정을 건드리며
비틀었던 지난 시간이
줄지 않는 아픔으로 남아있다

서로가 다른 생각으로
평행의 길로 달리는 것에
로뎅의 생각하는 사람이 되어

아무도 모르는
시린 정의 흔적
침묵으로 보듬고

지친 하루 눈 감기 전
식어진 심장에 불 지펴
질퍽한 마음 말리고 있다

마음가짐

한기가 드는 사람 곁에서
머물고 있는 불신의 병에도
무너지지 않는 자존이 있다

파고의 끝없는 감정
중심의 각도 잡아
견디며 기다리는 이 마음

이제도 두 눈 반짝이며
잃어버린 온기 찾는
소망으로 생애를 엮는 가슴은
궁극의 사랑이 있어서다

어둔 밤 지나

누구도 궁금해 하지 않는
내 안의 설움 견디며
누구도 볼 수 없는
내 안의 슬픔 혼자 삭입니다

비탈진 길 위로
내게 오시는 당신의 빛
어둠 헤치고 오는 미명에
내 안의 외로움 떠나보냅니다

주저 앉아있던 내게
손 내미시는 그윽한 사랑
이윽고 대지의 아침 빛
은혜의 가슴에 밝아옵니다

전하는 소식

품은 꿈 꽃으로 피기만을
반짝이는 새벽별 하나로
힘든 시간 말없이 지내왔다네

갑자기 찾아온 큰 아픔도
아껴논 자존으로 감싸주며
조용한 걸음으로 나 걷고 있지

내 힘으로 아무것도 할 수 없어
하늘 향한 기도의 시간
쉬지 않고 두 손 모으고 있다네

남루한 생에 찾아온 빛
그 손길 붙잡고
이렇듯 주안에 생이고 싶다네

꽃으로 피어나리

이렇게 괴로울 수가
온몸 타들어 가는 심기가
산고의 그날처럼 아프다

세월의 자락마다
부딪치고 부서져
마디마디 젖어드는 슬픔

아프던 시린 생의 자국
마음 갈피 깊숙이 묻는
침묵하는 가슴

언제인가 눈물 여울지나
고여 있는 서러움 삭이고
향기 품은 꽃으로 피어나리

소망

만근 무게로 눌리는
나의 허물 가시 되어
촘촘히 박음질하네

시리고 아픈 가슴앓이
한 발자국 물러서
무지개 뜨는 날
바라는 간절함

나 푸르른 풀숲으로
날아가는 나비되어
향기밭에 발길 멈추고
긴~ 입맞춤을 하고 싶네

부부

식어진 마음
돌아서지 못하고
머뭇거리고 있는데

살갑게 다가와
따뜻한 손 내미니
봄눈 녹듯 녹아지네요

주름진 얼굴인데
달나라 둥근 얼굴 되어
별나라 예쁜 얼굴 되어

어느 사이
봄 햇살처럼
환하게 웃고 있네요

사별 일기

그대 먼 길 떠난 후
밥 한 수저
입안에 넣었는데

어쩌면 좋아요
이 목메임
목에 가시 걸린 듯해요

먼 곳에 있는 그대여
나는 아무도 몰래
당신을 꺼내 봅니다.

심장살이 하는 그리움
슬픔 숨기려 해도
자꾸만 눈물이 흐르네요

빈 자리

잊는다는 것이
이렇듯 아파서
너무 힘들어서
보내지 못한 사람
어느 때에나 잊어질까

이제는 볼 수 없는
허전한 빈자리
말없이 떠나간
다시 만날 수 없는 사람
세월 가면 잊혀질까

스치듯 부르는 소리에
뒤돌아보지만
바람이 스쳐갈 뿐
아무도 없다
눈물로 사랑의 등을 켠다

촛불 하나

기억의 숲에 서면
내 깊은 우물 속에서
살아나는 사람아

그리움의 길에 서면
황혼 속에서
걸어오는 사람아

밤낮없이 휘돌리는
바람에도
이승을 붙잡고 있음은

심방에 불 밝히는
그대 그리움
촛불 하나 있어서지요

이슬이여

임파첸스 꽃 위에
터 잡은 예쁜 이슬이여
반짝이는 너에게 아침마다
눈빛 익혀 보건만
너는 미련 없이
한순간 자취를 감추는구나
모습 감춘 이슬이여
새 아침이면 보여줘
기분 좋은 아침이 되도록
여전히 맑고 영롱한 모습을

가을 서정

초록이 영글던 대지에는
서늘한 가을이 인사하며
푸르름 뒷걸음친다

나뭇잎 메마른 숨 쉬고
변해가는 저무는 계절
옷깃 적시며 떠나는
갈색의 채도(彩度) 속
대지의 몸짓 흘러가도
새김질하는 숨결 들린다

바람 속 서 있는 나무들
돌아오리라 꿈결인 듯
초록 잎 펄럭이며
새로운 모습으로

봄볕 사이로 나타난 꽃들
노래하리라 웃는 얼굴로
향기 주머니 흔들며
발길 무거운 사람들 곁에서

첫눈 만난 날

밤 지새고 났는데
밤새 소리 없이 내렸나보다

창문 밖 솔숲 풍경에
첫눈 마주하는 아침
감탄사가 나온다

눈길 위 조심히 내딛는 나는
또 하루의 생을 허락 받음에
가슴에 기쁨 움직인다

부시도록 영롱한 눈꽃들
바라보며 느껴보며
마음 밝아져 큰 웃음 짓는다

항상 가슴에 머물러 있던
옛 추억 그리움의 길에
순수했던 내가 서 있다

기도원의 새벽

다소곳 두 손 모은 간절한 시간
절망을 이기시고
빛으로 오는 숭고한 사랑
그 크신 긍휼에
뜨거운 눈물 흘립니다

용서와 자비로 감싸주시는
선하신 영원의 빛
말로 다 표현 못 할
감사의 마음 넘치어
은혜의 강물에 젖어듭니다

생명의 영원한 길로 인도하시는
님의 뜻에 합한 딸로
거듭나기를 소망하며
흠 없는 순결의 마음으로
겸손히 깨어 기도합니다

내 영혼 하늘 향하여
가까이 가는 걸음되어

엎드리어 경배드리는
순종하는 믿음으로
할렐루야 찬양 부릅니다

5부
요즈음

요즈음

사람 온기 멀어진 거리
현관 문 밖 발소리에
귀 기울이는 하루가 길다

나눔의 삶으로
정 나누며 살던 때
마주 보고 웃던 그 시간들

빛 밝은 날 멀어져
여기저기 그림자 늘어지고
지난날들 그리워

동요 메들리 채널 고정하여
동심의 노래로 달래보는 마음
실오라기 웃음이 꼼지락 거린다

노란 신호등

해가 다가도록
지속되는 코로나
백신도 치료약도 감감하여
회색빛 벽을 만들고 있다

마스크하고 학교 출석하는
어린 학생들이 안쓰러워
주변의 걱정스런 표정들
날로 커져가고 있다

서로의 안부를 묻던 이웃들
바람 스치듯 지나가는
멀어져간 얼굴들
언제나 반기며 마주볼까

고달픈 오늘의 괴로움
슬픔의 늪 벗어나
함박웃음으로 함께할 날
어서 오기를 기다린다

코로나19

생명을 위협하는 코로나로
여기저기 늘어나는 한숨
거리두기에 멀어지는 정
언제나 환한 얼굴로 마주볼까

요즈음 서글픈 마음의 무게
답답하여 올려다 본
하늘은 푸르름이어서
머뭇거리던 근심 위로해 준다

걱정 속 술렁이며 흐르는 시간
생명 살리는 백신 곁에 와
우리의 삶 어려움 건너
머잖아 웃음소리 넘치면 좋겠다

물러설 줄 모르는 바램으로
중심 잡은 간절한 소망
휘파람 불며 풀꽃에게 눈길 주고
손뼉 치며 반기는 빛의 날 오기를

2020년 봄날

코로나19로 세상은 어지러운데
키 높이 하는 봄의 소리가
어두운 마음 가출시켜 준다

하늘도 푸르게 드높은 오늘
활짝 꽃잎 벙그는 향기꽃들
싱그러운 눈망울들 여기저기

상큼한 바람 호흡하며
봄 햇살 동무와 한 걸음 두 걸음
아픈 관절 다독이며 쉬엄쉬엄

꽃들과 눈 맞추며 산책할 때
멀리서 소쩍새 울음소리 들려와
가슴 언저리 여울진다

2021년 가을

코로나로 저물어 가는 시간
늘어나는 확진자 소식에
웃음 잃은 갈 길 아득하다

심난한 마음에게
청명한 저 하늘이
마음 달래주며
고마운 동아줄 되어
마음 다해 살라하네

모든 어려움
지나갈 것이라고
괜찮아질 것이라고
느린 걸음일지라도
참으며 믿어 보라 하네

슬픔의 사념들
마음 비워 소각하고
울먹이는 사람들
가슴 열고 다독이며

풀죽은 이웃들 함께
창공을 날고 싶네

어느 날의 위로

신음을 유발하는 삶의 뒤안길
누추한 내 삶에 부는 바람
마른 꽃처럼 흔들거린다

근감소증으로 위태로운 몸
쓸쓸한 마음 무엇으로 봉합할까
깊은 생각에 잠겨 걸을 때

담벽에 담쟁이 붉은 잎새들
배경이 된 그 밑에는
경계 없는 이웃으로

금빛 샛노란 소국들 마당놀이
그것들 예쁜 풍경이
찰나의 시간 내 맘 환하게 달래준다

꽃빛 얼굴들 가슴에 담아
생기 부여받고 강하게 살리라
연약해진 몸 다잡고

복지사님

근감소증으로 위태로운 몸
마른 풀처럼 흔들리는
고독한 독거노인 가슴에
찾아온 푸근한 맘씨

누추한 삶의 뒤안길에서
먼저 돌봐주는 따뜻한 손길
마음 다해 베푸는 정성에
마주보고 환히 웃는다

머뭇거리던
쓸쓸함 게워내고
마음 고쳐
곧추세우고 살아가리라

나은병원 504호

서로가 모르던
입원실 사람들은
힘든 시간에 만났는데
속엣말들 숨김없이
털어놓으며 드러낸다

환우의 가족들까지도
정의 손길로 나누는 간식들
눈맞춤하며 베푸는
서로를 걱정해 주는 마음
선한 이웃이 되고 있다

저저끔 인내로 살아온
친절한 이들의
이야기에 귀 기울이며
아픈 것도 잠시 잊고 웃게 되어
삶의 고마움 느낀다

사글사글*한 인정으로
피어나는 둥근 마음들
내내 좋은 얘기 나누며

더 밝아지는 방이 된
웃음이 출렁이는 504호

*사글사글: 성품이 상냥하고 너그럽다

어느 날의 자장가

마음 속 자욱한 생각에
잠을 설치는 날이면
한밤의 숙면은 멀어진다

뒤척이다 유튜브에서 듣게 된
방탄소년단 뷔 노래가
생각에 쫓기던 내게
시냇물 소리로 흐른다

그의 중저음 소리에 끌리어
이내 동화되어 마음은 담담이
온갖 사념 사라지고
편한 마음 새순이 돋는다

묘약이 된 그의 노래가
고개를 끄덕이는 생각으로
밀착 시키는 자장가 되어
어느덧 차분하고 평온해진다

그의 자작곡을 들으며
수면을 돕는 리듬에 젖어

이슥해서야 평정을 찾고
잠의 숲으로 들어간다

좋은 사람

부족한 것 채워주는
정녕 고마운 사람
오늘 나는 향기나는
그녀를 마음에 담는다

한 됫박 우정으로
한 말 가득 사랑으로
튀밥 같이 고소한 그는
온기 전해주는 사람이다

삶의 예쁜 무늬 수놓으며
이어가는 따스한 정은
외로운 세상에서
미소 짓게 하는 한 송이 꽃이다

마음 부자이고 싶다

일상 속에 일어나는
부딪는 마음의 상처
무게를 달아보는
못된 습관 버리고 싶어라

용서를 모르는
지극히 메마른 마음
햇살 잡고 동행하는
새털구름이고 싶다

진정한 순수로 돌아가
묵혀진 마음밭 일구어
아껴둔 씨알 살펴
꿈 심는 밀알이고 싶어라

함께하는 연둣빛 새순
잘자라 노적가리 이루면
그새 살포시 심호흡하고
기쁨 한 가득 나누고 싶다

눈 오는 날의 풍경

어느 날 바라본
하늘에서 내려오는
은빛 눈꽃들 반가워라

나풀나풀 소리 없이
햇솜 같은 눈 춤추며
하늘하늘 내려온다

새하얀 눈길 위 여백에
기쁜 설렘으로 소복이 쌓인 눈
사뿐사뿐 내딛는 발자국

뒤돌아본 그곳에는
고요의 반짝이는 길 위에
반기고 싶은 한 폭의 풍경이 보였다

하루가 지나가고 있네

갈바람이 소리 내어 울 때
시린 삶 내려놓는 낙엽은
길 위에 흩어지네

겨울이 오고 있음을 느끼며
그리고 거동이 불편해진
내가 늙어가고 있네

겨울로 이어지는 길 위에
마음은 심해 속으로 침몰하며
하루가 지나가고 있네

맴도는 수만 리 걸음의 여운
만장 앞세우고 지나가는
목쉰 상여소리 들리네

이런 시간에는 마음속
어두운 그림자 내려놓고
평생에 화인을 지우고 싶네

쓸쓸함에 대하여

오래도록 깊은 그리움에
이어지는 불면의 밤
기다림의 자리에는
파문의 울림 커지고 있다

켜켜이 적재 된
그 많은 길 위에 이야기
젖은 생 빗질하며
처연한 순정이 서럽다

아릿한 아픔 저며 오는 시간
새벽 눈망울에 잠겨오는
하늘빛 숨죽여 부여잡고
고개드는 버팀목 자존

날마다의 갈증에 더운 가슴은
처연히 돌아서 조심스레
이슬 내린 새벽길 밟으며
청잣빛 창공을 열어가자

그럼에도

허기진 삶이어도
멈추지 않는 소망 있어
매달리고 싶은 간절함

매일의 결핍에서 오는
남루가 쌓여도
나를 찾기 위해 택한 길

시린 마음 가득 그럼에도
꿈을 쫓는 선한 눈으로
겸손히 나 걸어가리

미니멀 라이프

버리지 못하고 쟁여둔
유행 지난 옷가지며
예쁘다고 챙기던 그릇들

노안이 되어가는
내 눈에 비치는
밤새 읽었던 책들

상처의 날들 속에서도
간직했던 소중한 것들이
풀썩이는 잡동사니 되었다

여위어 가는 생이라서
이제는 덜어내야 하는
남루의 조각들 정리한다

좋으신 주님

주님의 따뜻한 사랑이
상처로 살아온 나를
어루만지는 손길과

내 깊은 절망에서
일으켜 세우는 주님을 만나
변할 수 있었음이 좋았습니다

살아갈 날들에 대한
새로운 힘 주심과
감사로 찬송하게 하시고

내 곁에 항상 계셔서
영원을 향한 눈을 뜨게 하심과
나의 가는 길 인도하심이 좋았습니다

축복을 베푸시는 주님이시여
언제나 은총의 빛에 감사하는
변함없는 가슴이고 싶습니다

위로의 손길

옷깃에 스미는 찬바람
헛헛한 가슴에 파고듭니다

빗장을 잠그고 멀어진 거리
이별이 온 슬픈 마지막이
아픔의 큰 무게에 눌립니다

밤새 앓던 어둠에서
시커먼 가슴 삭여내고
아침 햇살로 불 지핍니다

고달픈 기다림이다 해도
처음의 소망 잊은 적 없어
하늘 향해 기도 드립니다

내 가슴에 찾아온 긍휼
힘든 시간들 지나가게 하시어
은혜로 머물러 있습니다

주님의 그 손길 붙잡고
감사한 마음으로
드리는 삶을 살렵니다

하늘 길

고달픈 삶의 여정에서
울며 보채던 기도
당신의 다독이는 손길로
깊은 심연에서 걸어 나와
빛 트인 아침을 맞이합니다

영혼의 갈피에 스며든
맑은 여운의 온기로
생의 부대낌 치유 받고
가다듬는 순연한* 마음
은총의 빛 받아
부르고 싶은 새 노래 있어

물오른 눈물겨운 감사
붉어지는 눈시울 끝지락
영원의 하늘 향해
더 높이 기도로 섬기며
염원의 하늘 길 갑니다

*순연: 다른 것이 섞이지 않고 온전한

길 위의 노래

나 살아 있을 날 줄어듦에
지나간 날 돌아보니

마음 하나 열지 못해 응어리 진 아픔은
스스로 자존의 결핍이었음을
뒤늦게 마음 깊이 깨닫는다

남 탓하며 울컥울컥 하던 것
남에게 상처주고 속에서 펄럭이던 것들은
내 허물의 조각들이었네

허기진 내 모든 삶의 남루
지워야 하는 환기가 필요해
글썽이게 하는 것들 비워내야 하리

잘못 살아옴 뉘우치며 무릎 꿇어
엎드려 시작하는 기도의 힘으로
용서를 빌며 새로워지기를 두 손 모으네

맑아진 마음 밝아진 눈으로
겸손으로 가야하는 삶의 길

지금까지 지나오게 하심 감사하리

돌아가야 하는 본향의 나라 향하여
목마르지 않는 영혼 깊은 노래
마음 담아 하냥 부르며 가려네

최장순 시집

바람의 향기

인쇄 2023년 1월 08일
발행 2023년 1월 12일

지은이 최장순
발행인 서정환
펴낸곳 인간과문학사
주소 서울시 종로구 삼일대로 32길 36(익선동 30-6 운현신화타워) 305호
전화 (02) 3675-3885 (063) 275-4000
팩스 (063) 274-3131
이메일 sina321@hanmail.net   easay321@hanmail.net
출판등록 제300-2013-10호
인쇄·제본 신아출판사

저작권자 ⓒ 2023, 최장순
이 책의 저작권은 저자에게 있습니다. 서면에 의한 저자의 허락없이 내용의 일부를 인용하거나 발췌하는 것을 금합니다.
COPYRIGHT ⓒ 2022, by Choi Jangsun
All right reserved including the rights of reproduction in whole or in part in any form.
저자와 협의, 인지는 생략합니다.
잘못된 책은 바꿔 드립니다.

ISBN 979-11-6084-205-0 (03810)
값 10,000 원

Printed in KOREA